Avec Toi Jésus

CE LIVRET APPARTIENT À

____

Jésus proche de nous

Une aventure incroyable

ÉCOUTONS ANDRÉ NOUS RACONTER SES SOUVENIRS DES PREMIERS JOURS PASSÉS AVEC JÉSUS.

Ce soir-là, comme chaque soir, on était heureux de s'arrêter. On a fait un feu pour cuire le repas, un peu à l'écart du village. La journée avait été longue, on avait tous beaucoup marché. Moi, ça ne faisait que quelques jours que je suivais le groupe, de village en village. Quelques jours seulement et pourtant ma vie d'avant me semblait déjà loin. Ma vie avant que je le rencontre. Autour du feu, alors que le bois craquait et que les flammes s'élançaient vers le ciel, j'ai interrogé un peu les autres, assis à mes côtés. Je ne les connaissais pas encore tous.

Je savais qu'on était plusieurs pêcheurs. Il y avait Simon, mon frère, et aussi Jacques et Jean, les fils de Zébédée. Comme eux, il y a quelques jours, on était en train de pêcher. Nous avions de l'eau jusqu'à la taille. À quelques mètres de la plage, dans le lac de Galilée, nous avions jeté nos filets, quand Jésus nous a appelés. Je me souviens très bien de ce qu'il a dit :

– Venez avec moi, je vous ferai pêcheurs d'hommes !

Je n'ai pas saisi exactement ce qu'il nous disait, mais j'ai su que cet homme nous appelait à le suivre. Simon, mon frère, et moi, André, on n'a pas hésité. Oh, tout le monde n'a pas compris ce qu'il se passait. Zébédée par exemple, il s'est retrouvé dans sa barque, regardant ses deux fils suivre cet homme qu'on connaissait à peine. Il a bien essayé de les retenir, mais en vain. L'appel de Jésus était plus fort. On lui a fait confiance.

J'ai regardé de nouveau le feu :
– Voilà, mes amis, pourquoi je suis là, sur la route, avec lui, avec vous. Mais et toi, Lévi, comment es-tu arrivé là ?
– Oh, moi...
Je sens qu'il hésite.
– ... Je ne suis pas pêcheur, je suis... enfin j'étais... collecteur d'impôts. Je collectais, auprès des habitants, l'impôt exigé par les Romains.
J'ai tout de suite perçu un agacement, une rumeur au sein du groupe. Mais Lévi a poursuivi :
– Ça faisait quelques jours que j'avais entendu parler de cet homme qui enseignait à la foule, un peu partout. J'étais assis à mon bureau, quand il s'est arrêté devant moi. Il m'a regardé. Ses yeux étaient pleins d'amour. Quand il m'a dit « Suis-moi ! » je n'ai pas hésité, je l'ai suivi, et je suis comme vous aujourd'hui, son disciple.
Je savais que ce jour-là il y avait beaucoup d'autres gens qui avaient suivi Jésus ; des pêcheurs, ça d'accord, mais des publicains aussi ! Incroyable !

3

Jésus, tu t'es retiré au calme pour prier.

Merci, Jésus, de nous permettre de te prier.

Est-ce la chaleur du feu, ou celle de notre échange, mais les langues se déliaient. Chacun avait envie de raconter un événement de ces derniers jours. Comme celui où on est arrivés à Capharnaüm. C'était shabbat, le jour de repos pour nous les Juifs. On s'est tous rendus à la synagogue. Jésus a pris la parole, il nous enseignait. On ne perdait pas une miette de ce qu'il disait. Il connaît si bien les Écritures. Ses mots sont justes, il enseigne avec autorité et amour.

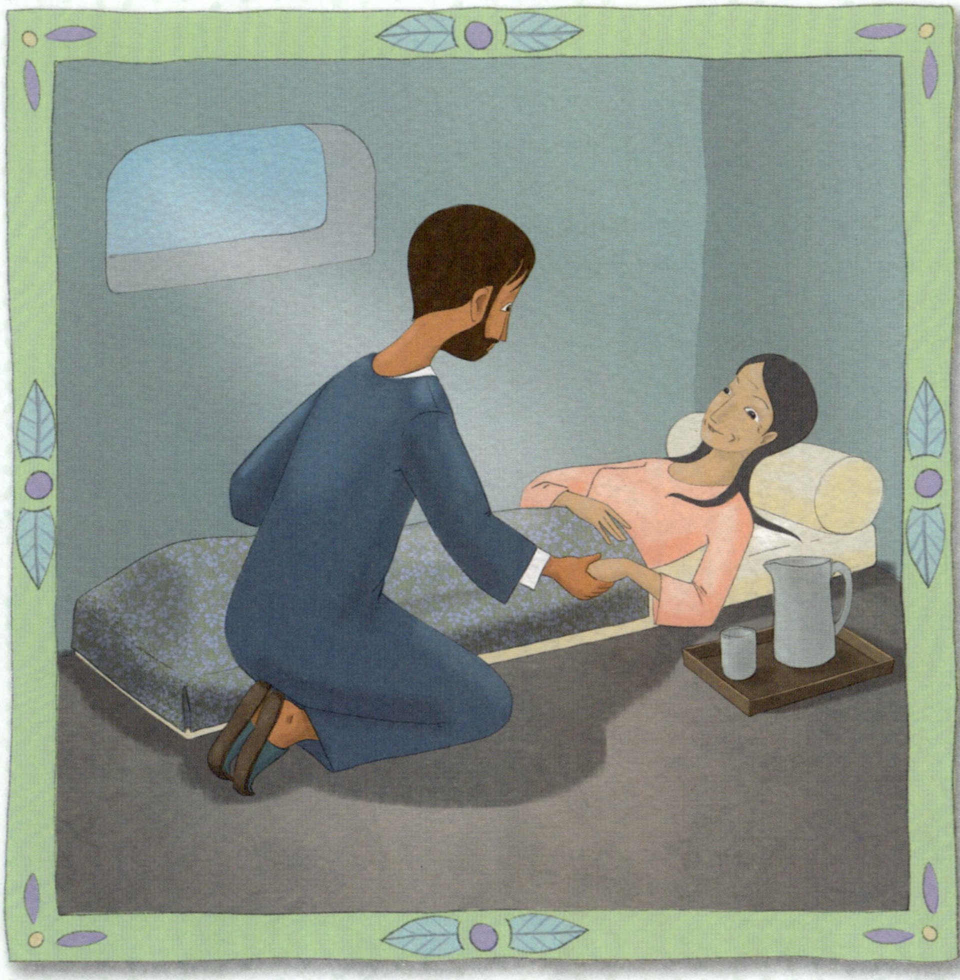

Jacques, à côté de moi, a continué de raconter. Je ne sais pas si c'est l'émotion ou le reflet du feu, mais ses yeux brillaient ; reparler de nos journées aux côtés de Jésus, c'est toujours bouleversant. C'est un homme tellement hors du commun.

– J'étais là, aussi, le jour où Jésus a guéri la fièvre de la belle-mère de ton frère Simon. La nouvelle s'est répandue si vite que le soir-même on lui amenait d'autres malades, et des personnes possédées par des esprits mauvais. Et il les guérissait. Chaque jour, Jésus nous demande de changer de village pour proclamer la Bonne Nouvelle à d'autres, dans les rues et dans les synagogues.

Je me souviens aussi de ce lépreux rencontré au bord d'un chemin. Il s'est jeté aux pieds de Jésus, dans la poussière. Il le suppliait :
– Si tu veux, tu peux me purifier.
Alors que nous, nous reculions, effrayés, Jésus a étendu la main, l'a touché :
– Je le veux, sois purifié !
Et la lèpre l'a quitté.
Celui-là, comme les autres, s'en est allé répandre la nouvelle.
Depuis, nous évitons d'approcher les lieux habités, mais ce sont les gens qui viennent à lui. Une foule de plus en plus nombreuse.
Il n'y a qu'à la nuit tombée qu'on retrouve, comme ce soir-là, un peu de calme. Nous savourons de pouvoir être auprès de Jésus. On ne se lasse pas de l'entendre nous parler du Père, de son Père aimant, encore et encore.

MON JALON PERSONNEL

Jésus Fils de Dieu

COLLE ICI LA PHRASE EN AUTOCOLLANTS !

TU ES

MON FILS BIEN

AIMÉ,

EN TOI JE TROUVE MA

JOIE.

Prière

Seigneur Dieu, tu as mis en Jésus tout ton amour !
Loué sois-tu !

Avec Jésus, tu viens ouvrir les yeux des aveugles et les oreilles des sourds !
Loué sois-tu !

Tu viens faire bondir les boiteux et crier de joie les muets !
Loué sois-tu !

Tu fais jaillir l'eau dans le désert et des torrents dans les terres arides !
Loué sois-tu !

Tu mets en nous tout ton amour !
Loué sois-tu !

Nous sommes tes enfants bien-aimés !
Loué sois-tu !

Jésus, le chemin vers le Père

Thomas dit à Jésus :

« Seigneur, nous ne savons pas où tu vas ; comment pourrions-nous savoir le chemin ? »

Jésus lui répond :

« Moi, je suis le Chemin, la Vérité et la Vie ; personne ne va vers le Père sans passer par moi. Puisque vous me connaissez, vous connaîtrez aussi mon Père. »

(Jean 14, 5-7)

Prière

Au nom du Père

Toi, notre Père, tu nous as donné ton Fils Jésus.

et du Fils

Toi, Jésus, qui viens à notre rencontre.

et du Saint-Esprit

Toi, l'Esprit d'amour qui unit le Père et le Fils.

Amen

Oui, nous reconnaissons que ton amour est en nous.

Nous te remercions, Dieu notre Père,
car tu nous as donné ton Fils Jésus,
il est notre frère.

Il a montré son amour pour les pauvres,
les malades et les pécheurs.
Sa parole et ses gestes ont annoncé
que tu es notre Père et que tu prends soin
de tes enfants.

Il nous appelle à le suivre
car il est le chemin vers toi,
la vérité qui rend libre et la vie
qui nous comble de joie.

(D'après les préfaces des prières eucharistiques 3 et 4 pour circonstances particulières.)

Chacun à sa manière peut mettre de la vie là où il est.

MON JALON PERSONNEL

Un témoin, Mère Teresa

Mère Teresa vient d'Albanie, un petit pays d'Europe, mais elle a passé la plus grande partie de sa vie en Inde, pour aider les plus pauvres !

Elle devient religieuse très jeune, à 18 ans, et elle arrive en Inde peu de temps après. Au début, elle est choquée par la grande pauvreté qu'elle voit dans les rues de Calcutta, l'immense ville où elle vit. Les bidonvilles – des quartiers de cabanes fragiles et sales – n'en finissent pas et les gens vivent dans des conditions très difficiles, sans eau, sans électricité, souvent au milieu des poubelles.

Mais Sœur Teresa (c'est son nom avant d'être appelée « Mère ») est professeur dans une école de jeunes filles riches. Elle est très heureuse et ne se doute pas que sa vie va bientôt totalement changer !

Un jour, alors qu'elle est dans un train, elle sent que Dieu lui parle et lui demande d'aller s'occuper des plus pauvres. Alors elle quitte son école, met un sari (le vêtement traditionnel indien) et sort dans les rues de Calcutta. La misère est indescriptible ! Très vite, Mère Teresa passe à l'action : elle s'installe au milieu des bidonvilles et fait tout ce qu'elle peut pour aider tous ceux qui y vivent.

Peu de temps après, d'anciennes élèves de son école la rejoignent, puis d'autres jeunes filles. Mère Teresa fonde la communauté des Missionnaires de la Charité. Bientôt, tout le monde reconnaît ces femmes en sari blanc bordé de bleu dans les rues de la ville. Certaines personnes ne sont pas d'accord avec ce qu'elles font : pourquoi aider ces gens, appelés les « intouchables », parce qu'ils sont trop pauvres pour qu'on les touche ? Pourquoi secourir les lépreux, qui ne peuvent de toute façon pas guérir ?

Mais Mère Teresa et les autres sœurs s'obstinent, car elles ont compris que dans chaque pauvre il y a le visage de Dieu !

Mère Teresa devient célèbre malgré elle. Elle est connue dans le monde entier. Elle n'aime pas les honneurs mais, au nom des pauvres dont elle s'occupe, elle va accepter de voyager et de témoigner. Elle reçoit le prix Nobel de la paix, une grande récompense pour les personnes qui essaient de rendre le monde meilleur, et elle devient amie avec le pape Jean-Paul II. Quand elle meurt en 1997, à 87 ans, beaucoup de gens sont bouleversés !

Aujourd'hui, les Missionnaires de la Charité continuent l'action de Mère Teresa partout dans le monde. Elles sont environ 5 000, de plus de 100 nationalités différentes.

Avec Jésus, prions Notre Père

Notre Père qui
es aux cieux

que ton nom
soit sanctifié

que ton règne
vienne

que ta volonté
soit faite

sur la terre
comme au ciel.

Donne-nous aujourd'hui
notre pain de ce jour.

Pardonne-nous
nos offenses

comme nous pardonnons aussi
à ceux qui nous ont offensés.

Et ne nous soumets
pas à la tentation,

mais délivre-nous
du Mal.

MON JALON PERSONNEL

Chant

JE METS MES PAS DANS TES PAS
(PAROLES ET MUSIQUE : J.-N. KLINGUER)

1. Tu donnes sens à notre vie,
Tu nous appelles tes amis,
Je crois en toi, Jésus vivant,
En ton amour toujours présent.

Refrain : Je mets mes pas dans tes pas.
Tu me conduis vers ton père.
Je veux marcher avec toi, Jésus,
Chemin d'espérance.

2. Tu mets la joie dans notre cœur,
Que ta Parole vive en nous,
Tu nous invites au vrai bonheur,
À rayonner de toi, partout.

3. Tu nous apprends comment prier
Dieu, Notre Père qui nous connaît,
À lui parler, à le chanter,
Le rencontrer, le célébrer.

4. Viens vivre en nous à chaque instant,
Jésus si proche, ouvre nos yeux,
Que l'Esprit Saint comme un grand vent,
Ravive en nous les dons de Dieu.

JEU DU MIME

ESPACE JEU

yeux ouverts

yeux fermés

bouche fermée

bouche ouverte

Je ne marche pas

Je marche

oreille ouverte

oreille fermée

J'ai soif

Je bois

FEUILLE DE ROUTE DU JEU « UN CHEMIN POUR GRANDIR »

ESPACE JEU

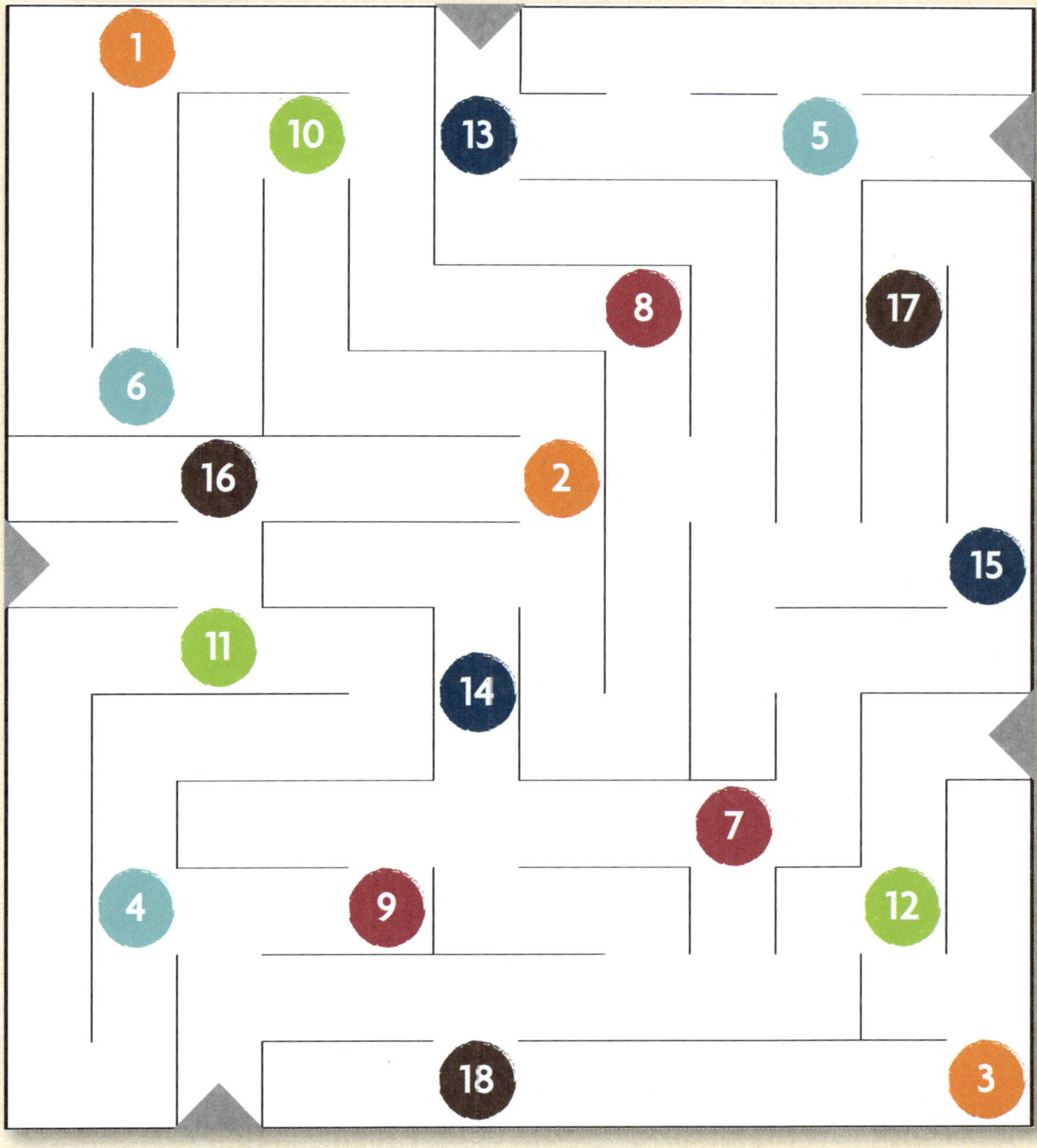

PAGE À DÉCOUPER

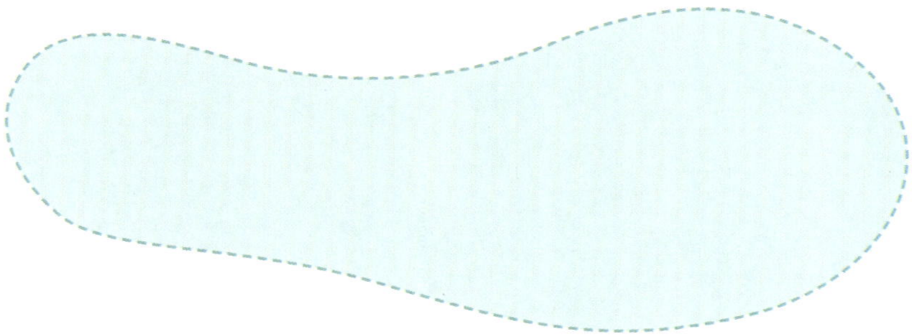

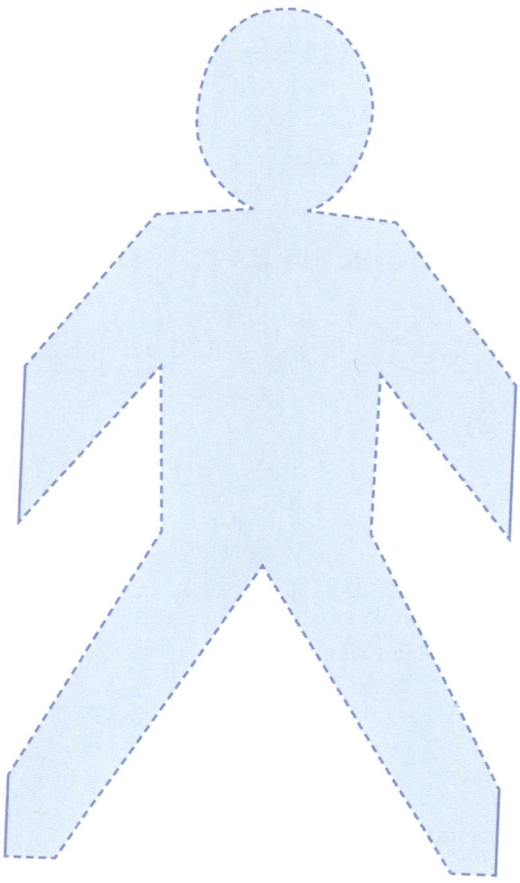

Découper la silhouette.
Plier une bande de papier en accordéon en ajustant la largeur du pli à la silhouette.
Reproduire la silhouette sur le premier pli et découper toutes les couches en même temps sans couper le bord des mains ni des pieds.
Ouvrir : voilà, la ribambelle est prête !

Auteur : La Diffusion Catéchistique-Lyon

Isabelle Quiblier (diocèse de Lyon), Florence Brias (diocèse de Valence), Isabelle Ungeschiekt (diocèse d'Autun), Colette Jeannin (diocèse de Besançon), Germaine Dujoux (diocèse d'Annecy), Geneviève Troussel (diocèse de Saint-Étienne), Geneviève Astier (diocèse de Lyon).
Le conte biblique est reproduit avec l'aimable autorisation de Michèle Babé. (p. 2 à 7).

Remerciements : Jean-Noël Klinguer, père Pierre Lathuilière, les personnes qui ont accepté de relire ce module, les catéchistes, les enfants et les adultes qui l'ont expérimenté.

Illustrations : Éléonore Della Malva (p. 1, 12, 16, 18-19, jalons personnels) ; Madeleine Brunelet (p. 2-7) ; Laure Fournier (p. 8-9, 11) ; Florian Thouret (couverture, stickers) ; Julie Olivier (p. 14).

Iconographie : p. 13 : © François LOCHON/Getty images ; p. 15 : © Livio ANTICOLI/Getty images, © Jean-Claude FRANCOLON/ Getty images.

Direction artistique : Élisabeth Hebert
Conception graphique : Ariane Bienaymé
Mise en pages : les PAOistes

Nihil Obstat, le 4 mai 2014, père Bruno Bataillon.
Imprimatur à usage catéchétique, le 13 mai 2014, Cardinal Philippe Barbarin, archevêque de Lyon.

« Loi n° 49-956 du 16 juillet 1949 sur les publications destinées à la jeunesse. »
ISBN : 978-2-7105-0546-4 • MDS : 531 368 • N° d'édition : 14142
Achevé d'imprimer par Edelvives (Espagne) en mai 2014 • Dépôt légal : juin 2014